Advanced French for Exceptional Cats

Advanced French for Exceptional Cats

Sophisticated French for a Cat as Smart as Yours

Henri de la Barbe
(Henry Beard)

ILLUSTRATIONS BY GARY ZAMCHICK

A JOHN BOSWELL ASSOCIATES BOOK

VILLARD BOOKS
NEW YORK
1992

Library of Congress Cataloging-in-Publication Data
De la Barbe, Henri,
    Advanced French for exceptional cats;
    sophisticated French for a cat as smart as
    yours/Henri de la Barbe (Henry Beard); text
    by Henri Beard and John Boswell,
    illustrations by Gary Zamchick.
        p.   cm.
    "A John Boswell Associates Book."
    Sequel to: French for cats.
    ISBN 0-679-41764-8
    1. French language—Humor   2. Cats—
    Humor.   3. French language—
    Conversation and phrase books—English.
    I. Boswell, John.   II. Title.
    PN6231.F745D38   1992
    448.3′421 0207—dc20   92-24613

9 8 7 6 5 4 3 2
FIRST EDITION

Design: Barbara Cohen Aronica
Assistance in French Translation: Luc Brébion

Advanced French
for
Exceptional Cats

The Exceptional Cat
Le Chat Exceptionnel

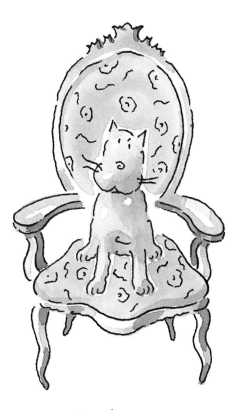

I *am* the cat

Le chat, c'est moi

The Qualities of the Exceptional Cat
Les Qualités du Chat Exceptionnel

Joie de Vivre

La Joie de Vivre

Savoir Faire
Le Savoir-faire

Sangfroid
Le Sang-froid

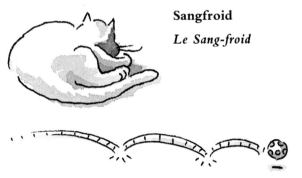

Finesse

La Finesse

Chic

Le Chic

A Certain Je Ne Sais Quoi

Un Certain Je-ne-sais-quoi

Etiquette
L'Étiquette

I have the honor to present you with this mostly dead chipmunk

J'ai l'honneur de vous offrir ce suisse presque complètement mort

Please accept my warmest personal regards

Veuillez agréer l'expression de mes salutations les plus distinguées

Taste

Le Goût Raffiné

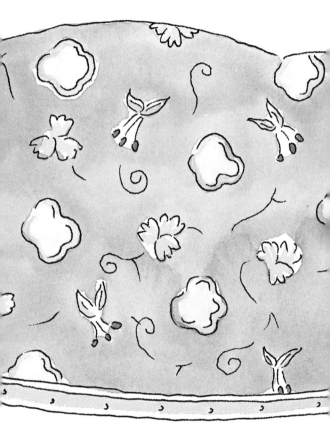

In terms of decor, I prefer the overstuffed
English country look

*Comme décor, je préfère le look rembourré d'une
maison de campagne anglaise*

Louis XIV furnishings are impressive, but the wood is too splintery and the little flakes of gilt get under your claws

Les meubles de style Louis Quatorze font grande impression, mais leur bois a tendance à s'effriter et les petites paillettes de dorure se mettent sous les griffes

Modern furniture is – in a
word – an abomination

*Le mobilier moderne est – en un
mot – une abomination*

Breeding
L'Élevage

I am descended from notable cats

Je descends de chats éminents

Aristotle's Cat
Le Chat d'Aristote

Cleopatra's Cat
Le Chat de Cléopâtre

Confucius's Cat
Le Chat de Confucius

Da Vinci's Cat
Le Chat de Léonardo

Einstein's Cat
Le Chat d'Einstein

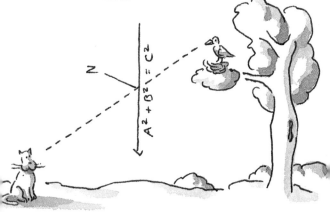

Seurat's Cat

Le Chat de Seurat

Freud's Cat

Le Chat de Freud

Connoisseurship
Le Fin Palais du Connaisseur

The most delicious water is invariably found in the toilet bowl

On trouvera toujours l'eau la plus délectable dans la cuvette des toilettes

Magnificent bouquet! And no bitter sink flavor or faucetty aftertaste

Quel bouquet magnifique! Et aucune saveur amère d'évier ou d'arrière-goût de robinet

Plant water also has a nice full body and a smooth finish

L'eau dans la soucoupe d'une plante en pot a aussi beaucoup de corps et est moelleuse en bouche

And puddles have a pleasant floral aroma and rich, earthy, almost oaky, undertones

Et les flaques ont un arôme agréable de fleurs et des nuances grasses de terre et de chêne

But really, for refinement, subtlety, and that indescribable flourish, nothing can compare to toilet water

Mais à vrai dire, pour le raffinement, la subtilité, et le panache indescriptible, il n'y a rien qui est comparable à l'eau des toilettes

Gastronomy
La Gastronomie

It is absolutely essential that fish be fresh

Il est absolument nécessaire que les poissons soient frais

Simplicity of preparation and presentation is also very important

La simplicité de la préparation et de la présentation est également de toute première importance

I cannot understand why anyone would ruin such a delicacy by cooking it

Je ne comprends pas pourquoi l'on gâcherait un mets si délicat en le faisant cuire

The slightly mossy-tasting bowl water is an excellent accompaniment to this dish

L'eau du bol a un goût un peu moussu qui accompagne très bien ce plat

Music Appreciation
La Critique Musicale

I like Brahms, Chopin, and Debussy

J'aime Brahms, Chopin, et Debussy

I hate Stravinsky

Je déteste Stravinsky

I don't mind Bach and Mozart
as long as there is no singing

*Je veux bien écouter Bach et
Mozart pourvu que personne
ne chante*

Aesthetic Judgment
Le Sentiment Esthétique

Cheap knickknacks simply
are not worth breaking

*Les bibelots de peu de valeur
ne valent pas la peine qu'on
les casse*

At first glance this vase appears authentic,
but the garish coloration betrays its
dubious provenance

*À première vue ce vase paraît être authentique,
mais ses couleurs voyantes révèlent sa
provenance douteuse*

There is no mistaking the sound of genuine hand-blown crystal

Il n'y a pas à se méprendre sur le son du véritable cristal soufflé

This piece was unquestionably a valuable antique

Cette chose était incontestablement une antiquité précieuse

Philosophy: The Rationalist
La Philosophie: Le Rationaliste

I nap, therefore I am

Je fais un somme, donc je suis

I sit and stare, therefore I am

Je reste assis et regarde au loin, donc je suis

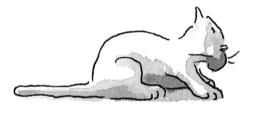

I go berserk, therefore I am

Je deviens fou, donc je suis

The Existentialist
L'Existentialiste

Have I caught this mouse, or is it not in fact I who am trapped by the obligations of my own nature?

Ai-je attrapé cette souris ou est-ce que c'est moi qui suis en fait pris au piège de l'obligation de ma propre nature?

Recognizing the utter absence of free will is
the sole action that one is truly free to make

*Reconnaître le manque absolu de libre arbitre, c'est
le seul acte que l'on est vraiment libre de faire*

Obviously, any conscious attempt
to escape from this paradoxical
predicament is futile and absurd

*Manifestement, tout effort
conscient qu'on fasse pour échapper
à cette situation paradoxale est
vain et absurde*

The Hedonist
L'Hédoniste

I like a little catnip now and then

J'aime savourer un peu d'herbe-aux-chats de temps en temps

But, needless to say, I can take it or leave it alone

Mais, il va de soi que je peux la prendre ou la laisser

I wonder if there are cats on other planets

Je me demande s'il y a des chats sur les autres planètes

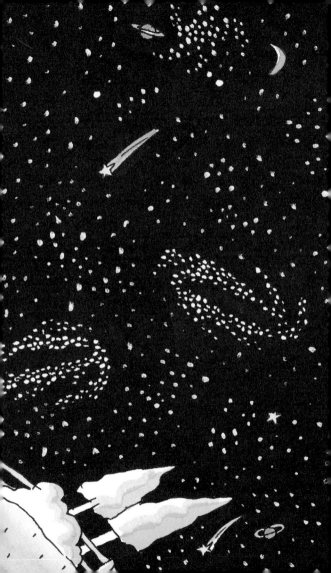

I wonder if mice dream

Je me demande si les souris rêvent

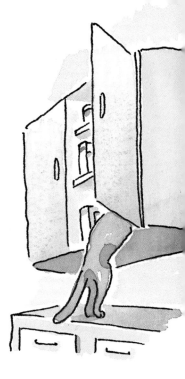

I wonder if the box of kitty treats was left open

Je me demande si la boîte de régal-chatons a été laissée ouverte

The Forms of Address
Les Règles du Protocole

Impolite
Impoli

Here kitty kitty kitty!

Viens minou, minou, minou!

Polite

Poli

Would you be so kind
as to return home at
your earliest convenience,
my dear cat?

*Mon cher chat, je vous en prie,
ayez la bonté de revenir
à la maison dès que
vous pourrez*

Slang
L'Argot

Beat it, you ugly mongrel! You're a real pain
in the derriere, you stupid twerp! Why don't you
go chase cars like the other dumb mutts?

*Hé! Toi! Le clebs moche! Allez, fous-moi le camp
d'ici! Espèce de connard, tu m'emmerdes
vachement! Pourquoi ne cours-tu pas après les
bagnoles comme les autres cabots débiles?*

Grammar: The Voices
La Grammaire: Les Voix

Active

Active

This new dried food tastes like driveway gravel

Ces nouveaux vivres secs ont un goût de gravier

Passive

Passive

This revolting crud will never be eaten by me

Ce fumier dégueulasse ne sera jamais mangé par moi

Impersonal

Impersonnelle

One is truly surprised to find such hideous foodstuffs in one's bowl

On est vraiment surpris de découvrir des aliments aussi affreux dans son bol

The Moods
Les Modes

I am inside, and I want to go out

Je suis dedans, et je veux sortir

Conditional

Conditionnel

I am outside, and I would like to come in

Je suis dehors, et je voudrais rentrer

Subjunctive

Subjonctif

It is my wish that I be let in right now

Je veux que vous me laissiez entrer tout de suite

Imperative
Impératif

Open the damn door!

Ouvrez cette foutue porte!

The Tenses
Les Temps

Past
Passé

Past Puzzling
Passé Bizarre

Present
Présent

Present Unpredictable

Présent Impulsif

Future

Futur

Future Incomprehensible

Futur Énigmatique

Wanderlust
La Passion des Voyages

Every now and then, I feel a need to disappear for a while

De temps à autre, j'éprouve le besoin de disparaître pendant quelques temps

They all probably think I'm up a
tree in the neighbor's yard

*Tout le monde croit, sans doute,
que je suis en haut d'un arbre
dans le jardin de la maison d'à côté*

I prefer a window seat

Moi, j'aime mieux le siège près de la fenêtre

The birds here seem a little slower than the ones back home

Les oiseaux d'ici me semblent être un peu plus lents que ceux de chez moi

The Must-See Sights
Les Sites Qui Valent le Voyage

The Louvre

Le Louvre

Silk brocade is the ideal nap surface

*Le brocart en soie est la surface idéale
pour le somme*

The Eiffel Tower
La Tour Eiffel

Fortunately, there is an elevator to get down on

Heureusement, il y a un ascenseur pour descendre

The Cafes
Les Cafés

Even the simplest
liver snacks taste
exquisite in surroundings
as charming as these

*Même les amuse-gueule
au foie les plus simples
ont un goût exquis dans
un endroit aussi
charmant que celui-ci*

The Gardens at Versailles

Les Jardins de Versailles

You could see a chipmunk from a mile
away in a yard laid out as neatly as this

*Vous pourriez voir un suisse à une distance
de presque deux kilomètres dans un parc
arrangé d'une manière aussi soignée que celui-ci*

The Sights to Avoid
Les Sites Que l'On Peut Omettre

The Arc de Triomphe
L'Arc de Triomphe

I wish every dog in the
world would come here
and try to chase these things

*Je voudrais que tous les chiens du monde
viennent ici et essaient de courir après ces machins*

Euro Disneyland

L'Euro Disneyland

What is the purpose of an amusement park
with humans in mouse costumes and
no actual mice?

*Quel est le but de construire un parc d'attractions
avec des humains habillés en souris
mais sans aucune souris véritable?*

The Museum of Cat Toys

Le Musée des Jouets

They were boring then, and they are boring now

Ils étaient ennuyeux à l'époque, et ils sont tout aussi ennuyeux maintenant

The Nightclubs of Montmartre
Les Boîtes de Nuit de Montmartre

A classic case of false advertising

Un exemple classique de la publicité fallacieuse

The Three-Star Meal
Le Grand Repas à Trois Étoiles

The Appetizers
Les Hors-d'oeuvre

Brace of trapped mice

La paire de souris piégées

Canary in its own cage

Le canari dans sa cage

Vole running around like crazy
in a bowl it can't get out of

*Le campagnol courant comme un
fou dans une jatte de laquelle il
ne peut pas sortir*

Salad

La Salade

The rare and expensive houseplant in a breakable pot

La plante rare et coûteuse en pot cassable

The Beverages

Les Boissons

Five-day-old water from a plant dish in the Botanical Gardens

De l'eau vieille de cinq jours provenant d'une soucoupe dans le Jardin Botanique

Rainwater from a puddle in the Bois de Boulogne

De l'eau de pluie d'une flaque du Bois de Boulogne

Slightly sudsy water from the fountain in the Place de la Concorde

De l'eau un peu mousseuse du bassin de la Place de la Concorde

Toilet water from the presidential suite at the Hotel Ritz

De l'eau des toilettes de l'appartement présidentiel de l'Hôtel Ritz

The Side Dishes

Les Entremets

Tasty tidbits such as one might find on
the floor

*Les petites friandises variées telles que l'on pourrait
en trouver sur le parquet*

The Main Course

Le Plat de Résistance

The ingredients for an entire seafood dinner left sitting unguarded on a sideboard, as if by accident

Les ingrédients pour un dîner complet de fruits de mer qu'on a laissé sans surveillance sur un buffet, comme si c'était par erreur

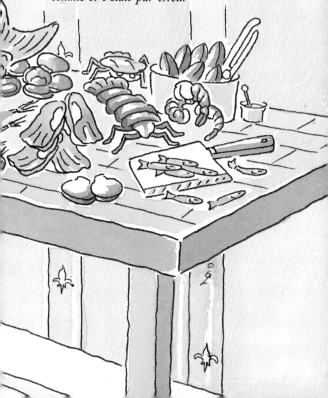

Dessert
Les Desserts

Mousse of freshly
shredded shrew

*La mousse de musaraigne
fraîchement déchiquetée du jour*

Upside-down nest filled
with baby birds

*Le nid renversé rempli de
bébés oiseaux*

Live hamsters
served right
from the wheel

*Les hamsters
vivants servis à
même la roue*

Assortment of big fat bugs

L'Assortiment de grosses bestioles

Selection of leftovers from the cart

Sélection de restes du chariot

Choice of premium catnips

Herbe-aux-chats de grande tradition au choix

The Side Trips
Les Excursions

Monte Carlo
Monte-Carlo

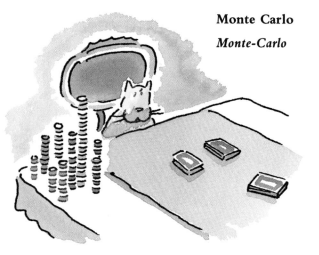

It always amazes me that humans cannot tell which card is which just by its scent

Ce que je trouve toujours étonnant, c'est que les humains ne peuvent pas distinguer les cartes en les flairant

The Cote d'Azur

Le Côte d'Azur

It is not that I am homesick – it's just that I can't bear the thought of those mice playing while I'm away

Ce n'est pas que je sois nostalgique – non, c'est seulement que je ne peux pas souffrir l'idée que les souris dansent quand je suis absent

The promenade deck of an ocean liner is an
excellent place to practice the dash, the leap,
the jump, the pounce, and the swoop

*Le pont promenade d'un paquebot transatlantique
est le lieu parfait pour s'entraîner à foncer,
sauter, bondir, attaquer, et descendre en piqué*

The return to one's territory after a prolonged absence should be as nonchalant as possible

Il faut qu'après un éloignement prolongé l'on fasse son retour au territoire de la façon la plus nonchalante

The Mouseillaise

Arise you kittens of our
 motherland
The scent of prey
 sounds reveille!
Hallowed nap time now
 must cease.
Listen well! Prick up
 your ears!
Listen well! Prick up
 your ears!
Oh, do you hear there
 in our cellars
The squeaks of those
 insolent mice?
Who scurry right across
 the carpet
To eat the food from
 our very bowls!

Chorus:

Sharpen your claws,
 kittizens,
Bare your gleaming
 teeth!
Let us bite! Let us bite!
And may a furball
 be their only
 tombstone!

La Miaouseillaise

Premier Couplet:

Allons, chatons de la
 patrie,
L'odeur de proie sonne
 le réveil
L'heure du somme sacré
 est finie.
Écoutez! Dressez les
 oreilles!
Écoutez! Dressez les
 oreilles!
Entendez-vous dans les
 sous-sols
Crier ces hautaines
 souris?
Elles courent même sur
 le tapis
Pour dévorer les vivres
 dans nos bols!

Refrain:

Faites vos griffes,
 chatoyens,
Montrez vos dents
 brillantes!
Mordons! Mordons!
Qu'une boule de poils
 soit leur seul
 monument!

Complete conjugation of the verb *miauler:*
"To be hungry, to be thirsty, to be
annoyed, to be content, to be bored, to be
scared, to wish to go out, to wish to come
in, to wish to be petted, to wish to be left
alone, to be unwilling to go to the vet, to
say hello, to say good-bye, to present with a
small dead animal, to require that the litter
be changed, to request that food be provided,
to disclaim responsibility for breakage, to
predict the appearance of a furball."

Je miaule
I meow

J'ai miaulé
I meowed

Je miaulais
I was meowing

J'avais miaulé
I have been meowing

Je miaulai
I did meow

J'eus miaulé
I had meowed

Je miaulerai
I will meow

J'aurai miaulé
I shall have meowed

Je miaulerais
I would meow

J'aurais miaulé
I would have meowed

Que je miaule
That I may meow

Que j'aie miaulé
That I may have
    meowed

Que je miaulasse
That I might meow

Que j'eusse miaulé
That I might have
    meowed

ABOUT THE AUTHOR

HENRI DE LA BARBE is the nom de guerre of HENRY BEARD, who was recently awarded the coveted Medaillon de Veau by a grateful French government for the profound contribution to Gallic culture made by the bestselling predecessor to this book, FRENCH FOR CATS. He is currently polishing the final draft of his screenplay for CATSABLANCA (yes, it will have the haunting melody "As Mice Go By" and such immortal lines as "Play with it again, Sam" and "Round up the usual rodents").